GUIDE DE L'AUTO-COACHING POUR UN ÉPANOUISSEMENT PROFESSIONNEL ET PERSONNEL ACCRUS

Des lois irréfutables pour vous libérer du stress, de la peur et de la procrastination

LE MOT DU COACH

Le potentiel est en vous ! Qu'est-ce qui vous empêche aujourd'hui de réaliser votre objectif ? Quelle est la plus grosse difficulté ou la plus grosse frustration à laquelle vous faites face dans votre vie ? Avec ce guide vous allez entamer le chemin de résolution de votre problématique.

CELESTIN FADLER

Est coach professionnel certifié d'État (RNCP), consultant, formateur, entrepreneur, coauteur du livre « Devenir enfin Moi ». Il est passionné de l'humain, il accompagne les personnes à réaliser leurs rêves depuis une quinzaine d'années.

Sommaire

GUIDE DE L'AUTO-COACHING POUR UN ÉPANOUISSEMENT PROFESSIONNEL ET PERSONNEL ACCRU : DES LOIS IRRÉFUTABLES POUR VOUS LIBÉRER DU STRESS DE LA PEUR ET DE LA PROCRASTIONATION

I- Présentation

Être serein et avoir la confiance en soi de nos jours est tout un poème ! S'affirmer, se mettre en valeur, avoir de la confiance en soi, oser entreprendre, faire preuve d'ambition, réagir face aux critiques.

Sont autant de points sur lesquels hommes, femmes, jeunes et adultes ne sont pas toujours très à l'aise que ce soit dans leur vie professionnelle ou personnelle ou les deux.

Même lorsqu'ils arrivent à gravir les échelons de la réussite, cela ne les empêche pas de se poser des questions, de se remettre en cause. Le problème n'est pas de l'extérieur de soi, mais à l'intérieur.

Ce guide d'auto-coaching, a pour objectifs de vous stimuler et vous motiver pour enfin dépasser vos blocages, et toute sorte de freins pour sortir du statu quo et de la dictature de nos croyances limitantes, de nos limites limitantes pour aller de l'avant, dans la voie que vous avez choisie pour votre succès.

En tant que coach, consultant, formateur, je sais de quoi je parle ! Le travail de transformation que j'ai aidé de multiples clients à faire, grâce au coaching individuel ou de groupe, m'a poussé à écrire ce petit guide pour voir dans quelle mesure je peux contribuer dans la vie d'un plus grand nombre de gens, qui ne sont pas forcément mes clients dans ce qui concerne l'épanouissement personnel et professionnel.

Je me suis donc formé au coaching professionnel et personnel pour ouvrir FCélestin coaching & formation, un cabinet de coaching centré sur les actions principales : le développement et l'épanouissement personnel, le développement du leadership d'affaires pour les entrepreneurs et la croissance des entreprises pour une société plus juste et éthique.

J'ai donné de nombreuses formations en transition professionnelle, gestion du stress, la confiance en soi, et remobilisation multisectorielle à de nombreux groupes d'hommes et de femmes qui ont été à un moment de leur vie dans la peur et le sous-estime de soi à cause de leurs manques d'épanouissement professionnel ou personnel.

J'ai tiré des leçons essentielles relatées dans ma stratégie de coaching en 8 étapes et de mes formations avec une posture de coach pour vous faire un petit guide qui peut contribuer à l'amélioration de votre quotidien.

Un guide qui va droit au but. Le guide s'ouvre sur un exercice en plusieurs dizaines de questions qui vous aide à répondre à ce questionnement « vous connaissez-vous vraiment ? »

Les résultats que vous obtiendrez vous donnent la trame d'un mode de fonctionnement qui correspond aux éléments inconscients auxquels vous faites face généralement qui sont : vos valeurs (votre ossature), vos limites (aidantes et limitantes), vos croyances (aidantes et limitantes), vos besoins (éléments d'assouvissement importants).

De ces quatre éléments viennent vos forces, vos perfections et imperfections, votre vitalité, vos plaisirs, votre capacité à gérer les émotions et vos stress.

Selon les résultats qu'on obtient pour chacune de ces consignes, un profil se dégage. Cela permettra de repérer les points sur lesquels vous devrez travailler prioritairement en auto-coaching.

Vous avez un tableau à compléter pour faire votre transformation personnelle, comportant une base théorique, des cas concrets, ainsi des exercices pratiques : si vous souhaitez aller plus loin dans votre démarche. Pour continuer ce travail et aller plus loin, vous pouvez prendre avec moi des séances de coaching individualisé.

II- L'auto-coaching qu'est-ce que c'est ?

L'auto-coaching est une action flash qu'une personne va mener sur elle-même pour entamer un travail de transformation dans sa vie.

Baser sur des techniques de coaching, vous apprenez à comprendre les fondamentaux dans votre vie afin de vous poser les bonnes questions pour sortir d'un état de blocage à un état d'auto-libération.

Le coaching consiste à prendre une personne d'un point A pour l'amener vers un point B. Dans ce cas, le coach utilise des techniques et un questionnement puissant pour aider la personne à trouver en elle-même ses propres ressources pour débloquer sa propre situation.

À ce stade, le coach ne fait aucune influence sur le coaché. Seul son questionnement aidera le coaché à trouver les ressources internes pour résoudre son problème et atteindre son objectif.

Le postulat implique que la personne possède déjà en elle-même ses propres ressources pour résoudre sa propre situation.

Le coach a le rôle d'apporter les moyens pour accompagner le coaché main dans la main jusqu'à l'atteinte de son objectif.

Ainsi, l'auto-coaching consiste à procéder par les mêmes techniques, mais de façon indépendante d'un coach pour se libérer d'une situation bloquante, par exemple : un stress, la peur, manque de motivation, manque d'estime et de confiance en soi, etc.

III- Pour faire un auto-coaching efficace il faut d'abord définir 4 éléments fondamentaux chez l'humain, qui sont :

1) **Les Valeurs**

2) **Les limites**

⇒ Limites aidantes

⇒ Limites limitantes

3) **Les croyances**

⇒ Croyances aidantes

⇒ Croyances limitantes

4) **Les besoins**

Définissons les quatre fondamentaux du coaching.

1. Les valeurs

Une valeur, est ce qui nous construit, ce qui nous porte, elle est le squelette de notre être psychique.

Le sens de nos actions. Ce qui est fondamental pour nous. Ce qui nous porte à agir avec toute la force dont nous sommes capables.

1.1- Comment déterminer une valeur ?

- Une valeur s'exprime par un nom pas par un verbe

Exemple : partage, amour, plaisir, respect…

- Respecter ses valeurs c'est se respecter soi-même
- Nos actions nourrissent nos valeurs

1.2- Nous avons 2 types de valeurs

1- Les valeurs héritées:

Elles sont en lien avec notre éducation

2- Les valeurs construites :

Celles que nous avons faites nôtres.

– Par rejet des valeurs héritées, elles sont alors souvent basées sur la souffrance et la difficulté.
– Par volonté et expérience, elles nous portent.

Frédéric Hudson, le père du life coaching moderne, catégorise 6 énergies vitales dans ce qu'il appelle « les valeurs de base ».

Ce sont en fait 6 ensembles qui regroupent des valeurs de même nature favorisant la réussite.

1) **La puissance personnelle**

Exemples : le courage ; la volonté ; la confiance…

2) **L'accomplissement**

Exemples : le travail ; la réussite ; le dépassement…

3) **L'intimité**

Exemples : l'amour ; l'empathie ; la santé…

4) **Le jeu et la créativité**

Exemples : la créativité ; l'esthétisme ; l'imagination…

5) **La recherche du sens**

Exemples : l'intégrité ; la paix ; la justice…

6) **La compassion et la contribution**

Exemples : le don ; la solidarité ; la transmission…

1.3- Chaque individu a une dizaine de valeurs

L'individu exprime chacune de ses valeurs dans sa vie par ses ACTIONS. L'intensité intuitive avec laquelle il honore ses valeurs (par ses actions) se mesure sur une échelle de 0 à 10.

<u>En phase de changement :</u>

1- Les individus sélectionnent les 3 valeurs énergie qui correspondent à une reconstruction.

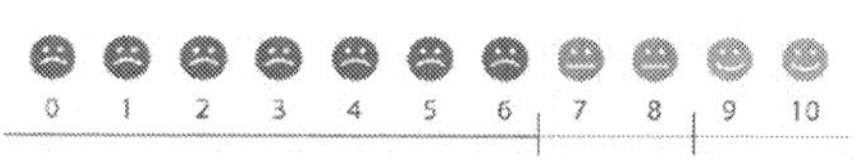

Ce processus fabrique une énergie puissante et permet de retrouver un sens à sa vie.

L'expression émotive avec laquelle il honore ses valeurs (par ses actions) se mesure
Sur une échelle de 0 à 10.

2- Les individus raccommodent aussi leur échelle de valeurs. En fonction des actions qu'ils ont pu mettre en place pour les nourrir et pour les résultats qu'ils ont obtenus.

Sans nul doute, vous pouvez comprendre que la valeur est quelque chose de fondamental dans la vie d'un individu, il est fort important que vous les preniez en compte pour évoluer dans votre vie personnelle, sociale, professionnelle, etc.

Nul ne peut devenir une personne authentique s'il ne prend pas soin de ses valeurs.

Astuce si vous avez du mal à nominaliser votre pensée afin de détecter vos valeurs :
Vous pouvez vous poser cette question : « Si vous aviez UN mot pour exprimer ce que vous dites, ce serait lequel ? »

Pour valider une valeur, voici ce que vous devez vous dire avec conviction :

- Est-ce que X (mot) est important pour vous ?
- Est-ce que c'est TRÈS important ?
- Est-ce que vous diriez que c'est FONDAMENTAL pour vous ?

Si vous répondez à ces trois questions par « OUI », vous avez peut-être trouvé une de vos valeurs.

2. Les limites

Une limite est une frontière entre 2 territoires.
C'est quelque chose qui est posé par notre environnement ou que l'on pose.

Nos limites nous protègent et nous bloquent. Une limite peut donc être : aidante ou limitante.

Les limites sur lesquelles nous butons ne sont pas dans le monde, mais dans la représentation que nous en avons.

Ceux qui raisonnent en mode « influence » **sont actifs / exemple :**
« je suis l'acteur de ma vie »
« je connais mes valeurs »
« je suis clair sur ce que je veux et sur ce que je ne veux pas »

Ceux qui raisonnent en mode « contrainte » **sont réactifs / exemple :**
« la vie est une longue suite de problèmes à résoudre »
« c'est la vie, on n'y peut rien »
« je m'adapte comme je peux »
« on ne fait pas ce qu'on veut »

2.1- Détecter les limites limitantes

Quelques exemples pour vous aider à détecter vos limites limitantes.

⇒ Je n'accepte pas que....
⇒ Je suis nul en......
⇒ Je ne peux pas faire...
⇒ Je ne peux pas dire...
⇒ Je suis comme ça, on ne me refera pas !

Les limites limitantes sont des injonctions négatives que l'on se pose et s'impose à soi-même.

2.2- Connaître les causes possibles des limites limitantes

Les causes de nos limites limitantes peuvent être multiples, les plus fréquentes viennent souvent de ces motifs :

⇒ Peur d'être rejeté
⇒ Les valeurs héritées
⇒ Peur de faire du mal

⇒ Les frustrations

⇒ Peur de perdre l'estime des autres

⇒ Les croyances

⇒ Peur de ne plus être aimé

⇒ Le changement

2.3- Rechercher les causes de vos limites par votre questionnement

Pour trouver les causes de limites afin de mieux les comprendre pour prendre de bonnes décisions pour sortir de vos blocages, voici quelques questions à vous poser.

Exemples de questionnement vertical vous permettant de détecter les causes de vos limites :

⇒ Que ressentez-vous quand, vous .... (Je ne sais pas dire non par exemple) ?

⇒ Quelles sont les conséquences de XXX dans votre vie ?

⇒ Que craignez-vous dans le fait de... ?

2.4- Les limites aidantes

Ce sont ces limites qui nous permettent d'augmenter notre **zone d'influence**.

Pourquoi ne pose-t-on pas toujours ses limites aidantes ?

C'est parce que souvent on ne veut pas déranger, on veut garder de la souplesse.

C'est-à-dire : pouvoir modifier les limites à loisir
– Ne pas rencontrer de résistance ou de contre-limites
– Ne pas mettre en jeu son assertivité, ni sa confiance en soi
– Être perçu comme sympa et ouvert

De ces attitudes, il y a toujours des peurs derrière ces comportements. Le regard des autres est souvent une cause majeure.

Mais, qu'arrivera-t-il si je décide d'être authentique, d'être moi ?

À ce stade il est important de prendre conscience pour changer les choses.

> Je suis le premier responsable de ma vie et du résultat que j'obtiens pour la part qui m'incombe.
> Jacques Salomé

2.5- Comment poser vos limites aidantes ?

Voici quelques exemples de questions à répondre pour poser ses limites aidantes.

- Quelles sont mes propres limites et celles que je pose aux autres ?
- Qu'est-ce que je fais quand une personne enfreint mes limites ?
- Quelles sont mes limites aidantes ?

- Celles qui me permettent de protéger mon espace tout en respectant l'espace de l'autre.
- Celles qui me permettent d'être en accord avec moi-même.
- Celles qui préservent mon énergie, mes besoins vitaux et légitimes.
- Celles qui me permettent d'avancer et d'évoluer vers mon accomplissement et mon bien — être.

Oser dire « non »

Après avoir répondu à ces questions, vous devez mettre des actions immédiates en place pour augmenter votre **zone d'influence**.

3. Le besoin

Attention : bon nombre de fois, nous confondons nos besoins avec nos envies. Il faut comprendre qu'ils sont très différents.

L'envie est d'abord un désir éphémère. Ce que vous allez lire maintenant sur l'envie a été recueilli chez Jacques Salomé (psychosociologue de renommée internationale).

Jacques Salomé nous dit que « l'envie est fréquente chez les personnes qui souhaitent que la réalité s'ajuste à leurs désirs ».

Pour lui, l'envie semble fonctionner en autarcie, c'est-à-dire que « l'envie se nourrit de sa propre expression ».

Exemple :

Lorsqu'on dit, « J'ai vraiment envie de changer de travail, vraiment là, je n'en peux plus ! », il s'agit d'une sorte de discours intérieur qui se suffit à lui-même.

Cela permet de garder une « situation » en l'état encore quelque temps (cela peut-être quelques mois, quelques années selon les cas) ; mais en tout cas, cette expression de « l'envie » permet simplement de gagner du temps !

Jacques Salomé dit que dire :

« J'ai envie » ou « je n'ai pas envie »

est une sorte d'auto-réassurance que nous avons besoin de nous donner. C'est une façon d'éviter de regarder la réalité en face !

Chez une personne qui ressent une envie, il y a un besoin de réajuster la réalité à ses désirs.

L'envie est un pur désir qui masque l'affrontement de la réalité. C'est très important de chercher à trouver le besoin dans tout ça, car il y a toujours un enjeu dernier. `

L'envie vous permet de fuir une réalité, tandis que le besoin vous permet d'assouvir un manque important pour votre épanouissement.

À partir du moment vous vous dites : « j'ai envie de… », la reformulation qu'il faut faire dans un auto-coaching c'est : « j'ai envie de…, mais quand ? Et comment ? Avec quelles volonté et moyen allez-vous le faire ?

Si vous analysez bien une envie ne répondra jamais à ces questions profondes, c'est là où vous avez besoin de transformer votre envie en besoin. Le besoin va vous motiver à vouloir le faire, à vous trouver les moyens, à changer vos perspectives si vous ne parvenez pas à changer les circonstances.

⇒ Allez chercher votre besoin

⇒ Derrière vos envies il y a toujours un besoin

⇒ Vous ne pouvez pas atteindre votre objectif si vous ignorez vos besoins.

⇒ Ne restez jamais au stade de l'envie si vous voulez réaliser un objectif précis.

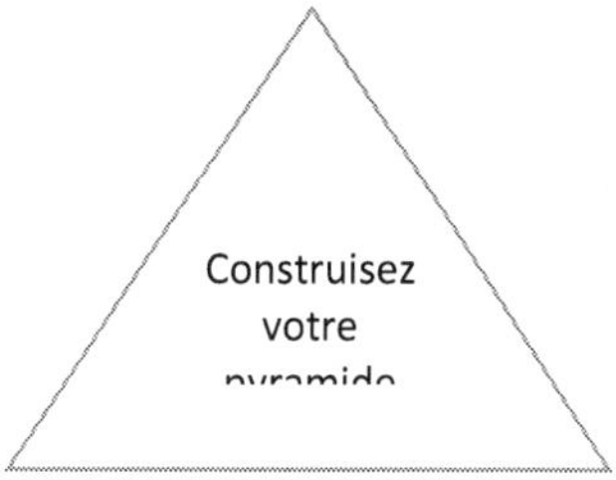

3.1- Qu'est-ce qu'un besoin ?

1. Un besoin est une exigence, soit de la nature, soit de la vie sociale. C'est-à-dire que le « besoin » est une nécessité. C'est très important. À partir du moment où le besoin est une exigence et une nécessité, vous ne pouvez pas faire l'obstacle.

Alors pour répondre à vos besoins, vous devez admettre que vous en avez ! C'est un premier point, et il va falloir l'admettre si vous voulez un résultat probant !

2. Une chose tout aussi conséquente pour répondre à nos besoins, c'est de tout faire pour les réaliser, les combler !

Il faut avoir l'honnêteté de le reconnaître, il faut admettre que l'on a des besoins et donc dans votre auto-coaching mettez-vous en quête de les repérer et tout faire pour les réaliser, vous pouvez faire appel à un coach professionnel certifié pour vous aider si vous avez du mal à les trouver !

Cependant, il faut savoir que ce n'est pas parce que vous ignorez vos besoins que vous n'en avez pas. Pour sortir de votre situation et pour votre bien-être, vous devez admettre que vous en avez.

Abraham Maslow le psychologue, a défini une hiérarchisation des besoins. Sa Théorie est communément représentée sous la forme d'une pyramide.

La pyramide permet de poser des besoins de base, jusqu'aux besoins les plus élevés pour l'individu.

La pyramide de Maslow ()

Les besoins sont souvent notre source de motivation, c'est la raison pour laquelle si nous restons à procrastiner dessus, nous ne faisons aussi que diminuer sur notre bien-être et épanouissement personnel.

3.2- Les 5 types de besoins selon Maslow

1) Les besoins physiologiques : Ils forment la base de la pyramide et correspondent aux besoins vitaux pour la survie de l'espèce.

Pour ainsi dire= respirer, boire, se nourrir, mais aussi se protéger contre les intempéries (froid, orage…) en se logeant et se procréer.

2) Le besoin de sécurité : Il s'agit tout simplement de la protection contre les dangers qui nous entourent (physique et morale), c'est donc un besoin dont l'objectif est de conserver un acquis.

À ce stade, la personne n'est pas encore reconnue comme individu de la part de ses proches. Ils sont différents selon les époques.

À l'heure actuelle, ce sera la sécurité de l'emploi, la liberté financière, des revenus, physique (agressions, délinquance…) ainsi que la stabilité de la famille…

3) Le besoin d'appartenance : Ce besoin dévoile l'élévation sociale de l'individu qui ressent le besoin d'être intégré dans les groupes au sein desquels il évolue (famille, travail, entrepreneur...).

Au travers du regard des autres (aussi bien par la crainte que par l'amour), il recherche une reconnaissance de sa propre existence.

L'individu va se marier, intégrer un club, une League d'entrepreneur, un mastermind, etc. Le tout premier groupe d'appartenance est la famille.

4) Le besoin d'estime : C'est un prolongement du besoin précédent. Il s'agit du besoin de respect de soi-même et de confiance. Il souhaite une reconnaissance, un statut, une réputation... de la part d'autrui.

Cette évaluation de l'estime peut être faite en fonction des gratifications reçues. Une envie de sa propre reconnaissance comprenant son indépendance, sa liberté. `

5) Le besoin d'accomplissement personnel : C'est le sommet des aspirations humaines. Le but est d'atteindre un épanouissement en laissant de côté la condition purement matérielle. Il est considéré comme l'antagoniste des besoins physiologiques.

À ce stade, l'individu ressent le besoin de maîtriser et pas nécessairement d'aboutir. Il souhaite mettre en valeur son potentiel personnel dans tous les domaines de la vie.

Il aura une forme différente d'un individu à un autre : pour les uns, ce sera apprendre toujours plus, développer ses compétences… pour les autres, ce sera créer, inventer… ou encore la création d'une vie intérieure.

En fait, c'est tout simplement le but que chacun de nous donne à sa vie, la destinée que nous avons, un besoin de réaliser quelque chose de plus grand que nous.

Attention : les besoins sont les faux amis des valeurs, il faut à tout prix les distinguer les uns des autres.

Les valeurs, ce sont des éléments qui vont de l'intérieur de soi pour se tourner vers l'extérieur, tandis que les besoins viennent de l'extérieur pour assouvir un l'intérieur de soi.

Pour savoir si un mot est une valeur, il faut d'abord la valider comme quelque chose de fondamental dans votre vie et vous avez toujours envie de le tourner vers l'extérieur (vers les autres).

Si vous voyez que c'est quelque chose que vous avez besoin d'assouvir, c'est donc un besoin, mais pas une valeur.

4. Les croyances

4.1- Qu'est-ce qu'une croyance ?

Une croyance est une affirmation que nous pensons vraie !

Nous avons tous des croyances. Quelle est son utilité ?

Elle permet au monde d'être plus stable (ça veut dire nous permet d'avoir des bases de partage communes).

C'est une ressource positive pourquoi ? Parce que lorsque nous sommes dans une situation de rupture, lorsque nous n'avons pas de réponse à quelque chose — on peut penser par exemple à la religion — la croyance nous permet de garder l'espoir.

Qu'est-ce qu'on fait dans ce cas-là ? On s'accommode d'un monde qui n'est pas certain, qui n'est pas toujours explicable et dans ces moment-là on se sert d'une croyance pour arriver à expliquer la réalité ou parfois même à la supporter. Exemple de croyance aidante : Je suis intelligent. Exemple de croyance limitante : les gens sont mauvais…

Vous comprenez bien tout l'aspect positif, et la ressource positive qu'induit la croyance. Par exemple, tout à l'heure je vous ai parlé de la religion, mais on peut parler de mythes ; tous les mythes qui sont créés sont des croyances qui nous permettent d'expliquer l'inexplicable et ça, c'est extrêmement stabilisant pour l'être humain.

Elle est porteuse de sens : cela signifie que lorsque nous avons une croyance, lorsque nous croyons à quelque chose, il y a toujours derrière un sens profond.

Elle reflète l'appartenance à un groupe : C'est très important parce qu'elle permet, en tant qu'individu, de ne pas être seul. Elle permet d'avoir des codes sociaux de reconnaissance.

4.2- Cependant, les croyances ont aussi leur côté négatif.

Quels sont ces freins que peut infliger la croyance dans nos vies et qui peuvent nous empêcher d'atteindre notre objectif ?

1. elle peut être un filtre de la réalité : c'est-à-dire que la personne va voir la réalité à travers ses croyances.
2. elle peut aussi limiter les champs de possibilité. Ici nous abordons un élément très important dans votre auto-coaching, il faut chercher à les ramollir.

3. elle peut être une source d'inconfort, voire de mal-être : ce qui peut créer un système de pensée hostile à tout changement.

Il y a des croyances qui sont partagées par tout une communauté, une nation, un groupe, voir tout le monde, ces croyances ont pour domaine :

Le monde : Elles sont en rapport à des domaines connus soit par l'expérience, soit par le raisonnement.

Exemple : une croyance conforme à la science (or même lorsqu'elle est conforme à la science, elle n'est qu'une croyance).

Exemple : tout le monde croit que la terre tourne autour du soleil.

Lorsqu'une croyance est partagée par tous, elle permet de rendre le monde plus stable, d'avoir des points de repère et cela est essentiel, mais il faut être conscient que ce ne sont que des croyances.

4.La croyance peut être relative à ce qui n'est pas connu : elle peut avoir trait à l'ignorance, au doute, à l'estimation personnelle, arrogance personnelle ou à la conviction personnelle, ces croyances-là sont source de frein !

Maintenant, vous savez ce que c'est les 4 fondamentaux du facteur humain. Il est temps de faire des exercices d'auto-coaching.

Voici comment procéder.

Pour détecter vos valeurs, prenez un carnet de couleur bleue que vous allez garder uniquement pour faire de l'auto-coaching personnel.

Dans ce carnet, faites une liste de 10 valeurs, validez-les à chaque fois en vous posant les 3 questions donnée précédemment.

La roue des valeurs ( )

⇒ Est-ce que c'est important ?

⇒ Est-ce que c'est très important ?

⇒ Est-ce que c'est fondamental pour vous ?

Sur une échelle de 0 à 10 à combien vos valeurs sont-elles nourries actuellement.

Faites un cercle, divisez-le en 10 parts égales et inscrivez vos 10 valeurs et évaluez-les.

Parmi vos 10 valeurs, choisissez 3 valeurs que vous appellerez des valeurs énergies.

Ces valeurs pour la plupart du temps vous portent. Exemple : Justice (si « justice » est une valeur pour vous comment sentez-vous quand vous faites face à une situation d'injustice ?)

Une fois que vous avez trouvé vos valeurs énergies, mettez en place 5 actions concrètes pour les nourrir si elles ne sont pas à 10. Toutes les valeurs à qui est en dessous de 10 mettez-vous des défis pour les augmenter. Chaque action doit avoir une date de début et une date de fin.

Exemple d'action :

⇒ Mardi prochain, à midi, je vais inviter ma fille à déjeuner pour passer du temps ensemble (pour nourrir une valeur famille ou amour par exemple) `

⇒ Mercredi prochain, je demande à mon patron que je quitte le bureau plutôt pour que je puisse dîner avec mon mari et mes enfants (pour nourrir une valeur plaisir par exemple)

IV- Nous avons 5 domaines de vie :

1) Personnel
2) Familial
3) Couple

4) Professionnel
5) Social

Vous pouvez mettre des actions dans tous ces domaines si vous sentez que vos valeurs ne sont pas nourries pour les nourrir

Exemple : je vais participer à un workshop pour créer des réseaux professionnels (5 septembre 2019 de 19 h — 21 h) (pour nourrir, une valeur « partage » par exemple)

V- Pour augmenter votre zone d'influence, sortir de vos limites, voici un exercice que vous allez faire. Répondez à ces questions :

- Que se passe-t-il en vous et autour de vous ?
- Que vous manque-t-il aujourd'hui pour vous sentir bien et heureux ?
- Qu'est-ce qui vous amène aujourd'hui ?
- Comment vous décrivez votre situation actuelle en précisant ce qui vous convient et ce qui ne vous convient plus ?
- Comment votre entourage vit-il cette situation ?

- Êtes-vous prêt à changer quelque chose dans votre vie pour vous sentir mieux ?

- Qu'avez-vous envie de changer dans votre vie actuelle ? (Sociale, professionnelle, familiale, etc.)

- Comment savez-vous que cette situation est à changer ?

- Quel résultat souhaitez-vous obtenir ?

- Pouvez-vous visualiser votre résultat ?

- Quels autres résultats pourriez-vous obtenir sans contrainte ?

Voici comment sortir d'un point de blocage. Posez-vous ces questions, et répondez-y franchement, utilisez votre carnet pour les répondre sans tricher.

- Qu'est-ce qui pourrait vous empêcher de réussir? En vous ? En dehors de vous ?
- Y a-t-il une partie de vous qui ne veut pas changer de comportement ?
- Où voyez-vous des obstacles ?
- Comment pouvez-vous éviter cela ?
- Pouvez-vous utiliser un obstacle pour réaliser votre objectif ?
- Si vous vous retrouviez quand même avec l'obstacle, comment feriez-vous ?

Vous pouvez demander à votre entourage de vous aider, s'il le faut, voir avec un coach professionnel certifié RNCP.

Après avoir répondu à ces questions non exhaustives, voici comment vous allez faire pour trouver des options pour mettre en place un plan d'action pour résoudre votre situation.

- Avez-vous déjà pensé à des solutions ?

- Qu'est-ce qu'il vous manque ?
- Comment allez-vous vous y prendre ?
- Que devez-vous désapprendre?
- Quelles sont les ressources dont vous disposez déjà ?
- Sur qui ou sur quoi allez-vous pouvoir vous appuyer ?
- Quels moyens pouvez-vous mettre en œuvre pour atteindre votre objectif ?
- Comment souhaitez-vous articuler vos options pour réaliser votre objectif ?
- Quels sont vos besoins en ressources ?
- Êtes-vous le seul acteur dans votre stratégie ?

Résumé

Ce guide vous donne des outils pour faire ce que j'appelle un coaching flash, il ne peut pas remplacer l'accompagnement fait par un professionnel, il vous permet tout simplement de commencer votre phase de transformation, il est conseillé que vous voyez avec un coach professionnel certifié RNCP si vous voulez avoir plus de résultats.

Vous pouvez me contacter si vous avez des questions et que quelque chose n'est pas clair pour vous.

Je sais qu'il y a des termes techniques que vous ne maîtrisez pas forcement, c'est normal, mais pas de panique, je vous réserve une séance de coaching offerte avec moi via zoom ou Skype.

J'organise des séminaires en ligne tous les mois, vous pouvez laisser votre adresse e-mail pour que je vous fasse des invitations, si vous souhaitez participer.

Réservez une séance gratuite de 1 h : https://www.fcelestin.com/je-reserve-ma-seance-de-coaching-offerte/

Laissez-moi un message à contact@fcelestin.com ou appelez-moi au + 33 6 02 31 78 85. Merci d'avoir téléchargé ce guide pratique de transformation, je vous souhaite bon travail. La réussite est en vous, le succès se planifie.

Ma joie est dans votre réussite.

A propos de Fadler Célestin

Depuis les 15 dernières années, la passion de Fadler Célestin, coach professionnel certifié RNCP, consultant, formateur, fasciné de leadership, auteur du « Guide de l'auto-coaching pour un épanouissement professionnel et personnel accrus » et coauteur du livre « Devenir enfin Moi » (https://bit.ly/2E3iWZs) » est d'aider les gens et les entreprises à construire et trouver des méthodes basées sur un engagement maximal de succès, de leur permettre de passer à un haut niveau de changement et d'action afin de trouver la vision et la mission pour lesquelles leurs projets sont destinés afin de rendre le monde meilleur.

Fondateur de FCélestin coaching & formation, qui se spécialise dans le domaine du service à la personne, plus précisément dans le coaching, de consulting et de formation aux entreprises et les particuliers dans l'atteinte de leurs objectifs. Axée sur le bien-être et l'épanouissement de l'humain sur le plan professionnel et personnel FCélestin coaching & formation est qui met l'homme au centre de son intérêt.

Fadler est avant tout, considéré comme un amoureux de l'humain, qui met son énergie à accompagner chaque individu le souhaitant pour trouver en lui-même ses propres moyens pour résoudre sa propre situation.

Il fait des conférences sur le leadership, le domaine du développement personnel, de la gestion du stress et des émotions. Il est formateur en transitions professionnelles, en gestion du stress et confiance en soi.

Il accompagne les entrepreneurs à faire leur propre transformation pour connaitre le succès dans leurs business. Également présent sur le web, il anime sur YouTube « Monday Motivation — la rubrique pour changer de vie » chaque lundi.

Et le « FC Leadership podcast. – Le podcast de la semaine, destiné à ceux et celles qui en ont assez de subir la vie et qui veulent passer à l'action même s'ils ont peur pour vivre enfin leurs rêves » chaque mercredi.

Il est aussi appelé par ses amis et clients « l'activateur de potentiel » pour avoir aidé beaucoup de personnes à reprendre leurs vies en main, grâce à son programme de coaching d'épanouissement personnel, sa qualité d'écoute active, son authenticité, sa passion pour aider les gens

à réussir leur vie, à devenir acteurs de leur vie, sa manière de s'intéresser à eux
et de les aimer.

Fadler adopte une approche basée sur l'authenticité, l'éthique et l'amour de l'humain ce qui lui permet de faire la différence dans ses consultations professionnelles. Il a une bonne maitrise de lui-même, de son corps et ses émotions. »

Dans ses missions il met l'accent sur la transformation intérieure des leaders d'entreprise, des entrepreneurs et des particuliers qui souvent ont misé sur l'accumulation des connaissances et l'application des procédures sans pour autant prendre en compte ses fondamentaux :

- les valeurs (l'ossature psychique) ,
- les limites limitantes (ce qu'ils doivent éliminer),
- les limites aidantes (ce qu'ils doivent connaitre et appliquer pour augmenter leur zone d'influence),
- les croyances limitantes (celles qu'il faut ramollir),
- les croyances aidantes (pour s'affirmer et d'être bien en soi),
- les besoins (qui sont les summums de leurs efficacités).

Les professionnels ont davantage un problème de résultats que de connaissances soi. »

Ce dont Fadler est aussi le plus fier c'est de pouvoir à présent contribuer dans la vie des gens, pour permettre d'activer leur destinée, réaliser leur projet important via FCélestin coaching & formation, mais aussi de ses activités altruistes pour un monde meilleur.

Ayant souffert lui-même durant son jeune âge des manques d'opportunité et de moyens qu'un enfant peut endurer quand il vient d'un pays dit, pays-sud (pays du tiers monde) comme Haïti, il consacre une grande partie de son énergie à redonner à ceux qui en ont le plus besoin.

20 % de ses revenus vont dans des pays-sud pour aider les jeunes, les enfants qui ne peuvent pas aller à l'école.

Il a cofondé une école solidaire en 2005 en Haïti pour la scolarisation des enfants les plus pauvres dont les parents ne peuvent envoyer à l'école.

En France il apporte sa contribution à plusieurs associations pour aider les gens démunis. Arrivé en France en tant qu'immigrer avec seulement 150 € en poche, sans logement, il a été hébergé pendant plusieurs semaines par des inconnus qui par la suite sont devenus des amis.

Il connait toutes les souffrances qu'un étranger peut endurer dans un pays où parfois on peut lui montrer l'abaissement. Aujourd'hui, il a réussi sa vie en partant de zéro, sans un sou en poche quand il est arrivé en Europe.

10 ans plus tard, à son tour il aide les gens à développer leur potentiel, sortir de leurs peurs et de leur zone de confort, du statu quo pour changer leur monde. Sa devise : Tu as de la valeur, le monde a besoin de ton action pour devenir meilleur.

Chacun a de l'influence, nous devons leur montrer qu'ils sont capables et que le potentiel est en eux.

Il étudie et développe le leadership personnel, le leadership entrepreneurial, le développement personnel.

Son amour pour les gens est ce qui fait la différence dans son travail de coach. Il est le créateur de FC Leadership podcast et Monday Motivation sur YouTube.

S'abonner au podcast : https://www.fcelestin.com/abonnez-vous-a-nos-podcasts/ .

Ma joie est dans votre réussite.

VI- Exercices et réflexions personnelles

Utilisez ces citations de Jacques Salomé pour faire ces exercices

I- Lorsque je pose des limites, je ne subis plus les autres, je suis en cohérence avec moi-même, je me respecte.

Réflexions

II- Poser ses limites, c'est respecter l'autre en lui laissant sa part de responsabilité. A contrario, lorsque l'autre nous impose clairement ses limites, nous gardons notre part de responsabilité et de libre-arbitre par rapport à lui.

Réflexions

III- Dans les domaines où je suis clair, l'autre ne pénètre pas, sauf si je l'y autorise.

Réflexions

IV- L'autre va jusqu'où je le laisse aller

SVP, prenez un instant de votre temps pour réfléchir à ces citations. Qu'est-ce que vous avez tiré comme leçon pour votre vie ? Partagez votre expérience avec les gens de votre entourage qui en ont besoin. Vous pouvez me faire un retour aussi, cela me ferait beaucoup de plaisir.

Exercices pratiques

Prenez conscience de vos limites et augmentez votre zone d'influence

Exercice « les limites ». FCélestin coaching & formation.

I - Etape 1, entant que coaché.

Liste des limites aidantes et limitantes et conséquences dans mes domaines de vie.

... (coachs)		
DOMAINE DE VIE	LIMITES AIDANTES	CONSEQUENCES
	Exemple « Je suis claire sur ce que je veux et sur ce que je ne veux pas »	*Je ne suis pas... j'arrive à dire non.*
PROFESSIONNEL		
PERSONNEL		
COUPLE		
SOCIAL		
FAMILLE		

NB : Nous avons 5 domaines (Personnel, professionnel, couple, social, familial) de vie. L'idée de l'exercice c'est de repérer dans chaque domaine vos limites pour augmenter votre zone d'influence.

Fadler CELESTIN, Coach professionnel certifié RNCP
FCélestin coaching & formation
« Repérer ses limites et les dépasser »

Exercices pratiques

Explication : Dans ce tableau, vous mettez vos limites limitantes repérées [illegible] dans vos 5 domaines de vie, trouvez leurs causes, leurs conséquences. Mettez en place [illegible] des actions pour y remédier et la date [illegible] des actions à réaliser.

II- Etape 3. Tableau final. *(Aider le coaché à lever ses limites limitantes)*

[illegible]					
DOMAINE DE VIE	LIMITES LIMITANTES / domaine de Vie	CAUSES	CONSEQUENCES	ACTIONS POUR Y REMEDIER	DATE DE REALISATION DES ACTIONS
FAMILLE					
SOCIAL					
PERSONNEL					
COUPLE					
PROFESSIONNEL					

DOMAINE DE VIE	LIMITES LIMITANTES	CONSEQUENCES
	Exemple : Je ne sollicite pas l'aide des autres (famille ou amis) et je refuse de leur aide quand ils me la proposent.	*Je suis souvent épuisée et je n'arrive pas à venir à bout de certains gros travaux alors que j'aide tout le monde et que chacun est prêt à m'aider.*
PROFESSIONNEL		
PERSONNEL		
COUPLE		
SOCIAL		
FAMILLE		

Notes personnelles

La roue des valeurs

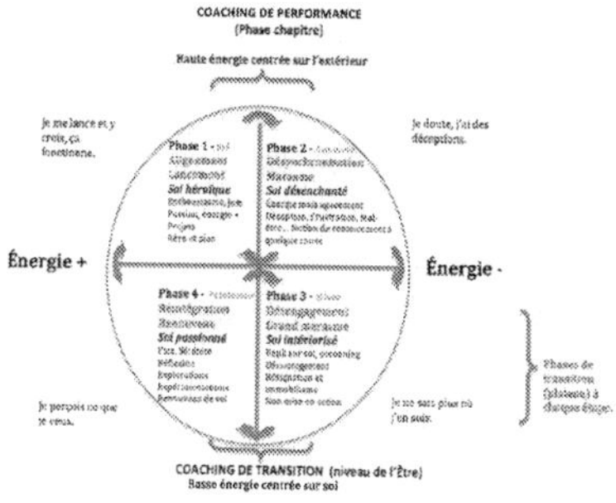

Pyramide des besoins (Maslow)

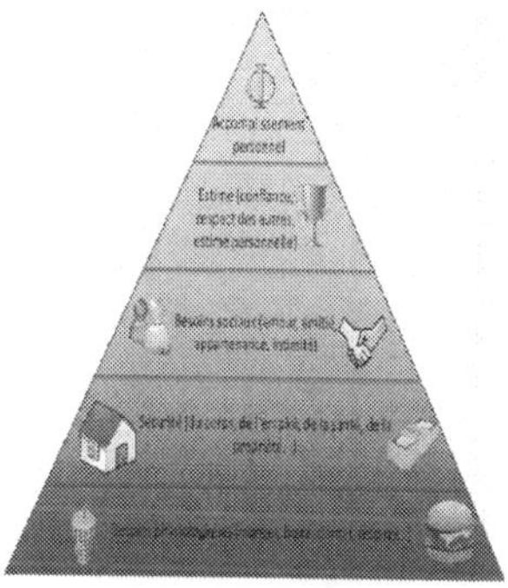

contact@fcelestin.com

https://www.fcelestin.com

France

Retrouvez-moi sur les réseaux sociaux et à

https://www.fcelestin.com

`Ma joie est dans votre réussite !

Fadler Célestin

Printed in Poland
by Amazon Fulfillment
Poland Sp. z o.o., Wrocław

55418611R00028